Sexueller Mißbrauch

In der Reihe GESUNDHEITSPFLEGE *initiativ*
sind bisher folgende Bände erschienen:

Band 1: Michaela Glöckler
Lebenskrisen als Zukunftschancen
ISBN 3-932161-00-9

Band 2: Volker Fintelmann
Von der Kunst alt zu werden
ISBN 3-932161-01-7

Band 3: Mathias Wais
**Über den roten Faden
im Lebenslauf des Menschen**
ISBN 3-932161-02-5

Band 4: Michaela Glöckler
**Die Biographie des Menschen
und ihre geistigen Gesetze**
ISBN 3-932161-03-3

Band 5: Henning Köhler
**Der Mensch im Spannungsfeld zwischen
Selbstgestaltung und Anpassung**
ISBN 3-932161-04-1

Band 6: Hans-Werner Schroeder
**Die Bedeutung der Angst
und des Bösen im Lebenslauf**
ISBN 3-932161-05-X

Band 7: Michaela Glöckler
**Vom Wirken der Engel im menschlichen
Leben**
ISBN 3-932161-06-8

Band 8: Gerhard Wehr
Die Mitte des Lebens
ISBN 3-932161-07-6

Band 9: Mathias Wais
Sinn und Unsinn der Ehe heute
ISBN 3-932161-08-X

Band 10: Peter Petersen
Unsere Wahrnehmung des Todes
ISBN 3-932161-09-2

Band 11: Michaela Glöckler
Krankheit und Schicksal
ISBN 3-932161-11-4

(Fortsetzung Seite 55)

Mathias Wais

Sexueller Mißbrauch

Symptome–Prävention–Vorgehen bei Verdacht

Die Deutsche Bibliothek – CIP-Einheitsaufnahme
Wais, Mathias:
Sexueller Mißbrauch: Symptome, Prävention,
Vorgehen bei Verdacht / Mathias Wais. –
Esslingen: GESUNDHEITSPFLEGE initiativ, 1999
(Schriftenreihe Gesundheitspflege initiativ; Bd. 21)
ISBN 3-932161-26-2

Schriftenreihe  Band 21

ISBN 3-932161-26-2

© 1999 GESUNDHEITSPFLEGE initiativ
  gemeinnützige Bildungsgesellschaft mbH Esslingen
  Paracelsusstr. 33, D-73730 Esslingen
  http://www.gesundheitspflege.de

Alle Rechte, auch die des auszugsweisen Nachdrucks
und der fotomechanischen Wiedergabe, vorbehalten.

Herstellung: Gaiser Zentrum für Druck und
             Digitale Dienste, Schwäbisch Gmünd

Inhalt

Was ist Mißbrauch
aus psychologischer Sicht?   8

Möglichkeiten der
vorbeugenden Erziehung   18

Wie kann man aber konkret mit
einem Kinde über die Gefahr
des sexuellen Mißbrauchs sprechen?   24

Woran erkennt man das
Mißbrauchsopfer?   29

Wie kann man mit einem
Mißbrauchsverdacht umgehen?   38

Ist sexueller Mißbrauch „Karma"?   44

Wenn wir uns mit einem so belastenden Thema wie dem sexuellen Mißbrauch beschäftigen, so taucht ja gleich die Frage auf, wie man dem innerlich standhalten kann, womit man es hier zu tun hat. Für diese Frage habe ich kein Rezept; sicher ist aber, daß wir lernen müssen, eine klare Sprache zu führen bezüglich der Phänomene, um die es hier geht. Eine klare Sprache in unserem Denken, vor uns selbst, untereinander und auch mit anderen Beteiligten ist eine gute Voraussetzung dafür, einen klaren Kopf zu behalten.
Vorliegende Schrift soll eine einführende Übersicht über dieses Thema geben. Sie ist entstanden aus der praktischen Arbeit an einer Erziehungsberatungsstelle, in der wir es mit Opfern, Tätern und den jeweiligen Angehörigen zu tun haben.
Ich charakterisiere zuerst einige Merkmale, die gegeben sein müssen, damit wir im psychologischen Sinne von sexuellem Mißbrauch sprechen können.

Dann wird der Frage nachzugehen sein, welche Möglichkeiten vorbeugender Erziehung wir in diesem Zusammenhang heute haben.
In einem weiteren Schritt geht es um die Frage, woran man erkennen kann, daß ein Kind sich möglicherweise in einer Mißbrauchssituation befindet und worin die Traumatisierung besteht. Und schließlich muß skizziert werden, wie man/frau vorgehen kann bei Mißbrauchsverdacht.

Was ist sexueller Mißbrauch aus psychologischer Sicht?

Es gibt mehrere verschiedene Definitionen. Bei meiner Arbeit gehe ich von folgender Definition aus: Sexueller Mißbrauch liegt vor bei körperlichen Berührungen oder Handlungen an, mit oder in Gegenwart von Kindern zum Zweck der sexuellen Erregung oder Befriedigung von Erwachsenen. Das umfaßt entsprechend viel, angefangen bei, von außen gesehen, scheinbar harmlosen Berührungen, bei denen der Erwachsene sich aber bereits erregt. Das sind also Handlungen, die in unserer Gesellschaft durchaus zulässig sind, wie zum Beispiel daß ein Erwachsener ein

Kind auf den Schoß nimmt und es streichelt, wobei er sich aber bereits erregt. Weiter geht es hier darum, daß der Erwachsene das Kind gezielt zwischen den Beinen anfaßt oder vom Kind verlangt, ihn in der Schamgegend anzufassen. Dies kann sich dann steigern zu gezielteren sexuellen Handlungen, zum Beispiel dem Masturbieren mit Hilfe des Kindes und kann eskalieren bis hin zum sexuellen Verkehr im engeren Sinne des Wortes, oral, anal und genital. – All dies ist mit der Definition umfaßt.

Es müssen einige Merkmale gegeben sein, damit wir im psychologischen Sinne von sexuellem Mißbrauch sprechen.

1. Das erste Merkmal betrifft den Täter. (Ich spreche hier nur von männlichen Tätern, obwohl es auch Täterinnen gibt. Eigene Erfahrungen habe ich aber nur mit männlichen Tätern.) Der Täter ist nicht das Triebmonster, das aus dem Gebüsch springt und das Kind vergewaltigt und dann womöglich noch tötet. Dies kommt natürlich vor und es beängstigt uns als Eltern sehr, solche Vorgänge sind aber im Vergleich zu den Mißbrauchsfällen außerordentlich selten. Der Eindruck der Häufigkeit entsteht

hier durch die Medien, welche jeden einzelnen Fall dieser Art von Vergewaltigung zur Darstellung bringen und in diesem Zusammenhang den Begriff „Mißbrauch", psychologisch gesehen, fälschlich verwenden. Wir werden aber im Folgenden sehen, daß Vergewaltigung psychologisch etwas ganz anderes ist als Mißbrauch.

Vielmehr besteht bei sexuellem Mißbrauch vorrangig ein Vertrauens- oder Abhängigkeitsverhältnis zwischen Täter und Opfer. In wahrscheinlich etwa einem Drittel der Mißbrauchsfälle ist die vorgängige Vertrauens- oder Abhängigkeitsbeziehung dadurch gegeben, daß zwischen Täter und Opfer eine familiäre Beziehung besteht. Es handelt sich hier also um Inzest. Die Täter sind leibliche Väter, Stiefväter, ältere Brüder, Großväter etc. In etwa zwei Dritteln der Mißbrauchsfälle taucht der Täter aus dem sozialen Nahraum des Kindes auf: Das kann zum Beispiel der Jugendsporttrainer sein, der Pfarrer, der „nette Nachbar", der Lehrer etc.

Die Täter kommen aus allen gesellschaftlichen Schichten. Noch vor 20 Jahren bestand die Auffassung, daß Mißbrauch, besonders Inzest, nur in den sogenannten Unterschichten vorkommt. Das ist nicht der Fall. Diese unzutreffende Auffassung kam wahrscheinlich dadurch zustande, daß es auch heute noch fast nur Männer aus den sogenannten Unterschichten sind, die rechtskräftig wegen Mißbrauchs verurteilt werden und in den Justizvollzugsanstalten einsitzen. Man trifft in den Vollzugsanstalten fast keine Täter aus der Mittel- und der Oberschicht. Dies liegt mit Sicherheit daran, daß die bürgerlichen Schichten aufgrund ihrer besseren finanziellen Ausstattung die „besseren" Anwälte haben. Die Täter kommen auch aus allen Berufen, aus allen religiösen und weltanschaulichen Kreisen.

Viele Täter leben primär gar nicht im sozialen Nahraum des Kindes, sondern sie treten in diesen gezielt ein, um sich dem Kinde zunächst einmal vertraut zu machen und eine Abhängigkeitsbeziehung herzustellen. Diese Männer suchen sich Kinder aus, die in irgendeiner Weise zuwendungsbedürftig sind, die sehr schüchtern sind, die ein geringes Selbstbewußtsein haben und die, was das Geschlechtliche betrifft, nicht aufgeklärt sind. Dieses gezielte Eintreten in den sozialen Nahraum des Kindes kann soweit gehen, daß ein Täter sich eine Wohnung in einer Siedlung besorgt, von der er weiß, daß dort viele Familien mit Kindern wohnen. Er würde sich dann zunächst den Eltern als „netter Nachbar" vertraut machen, bis sie ihn eines Tages als Babysitter engagieren. Das Eintreten in den sozialen Nahraum kann auch so geschehen, daß ein Mann, der es auf ein bestimmtes Kind abgesehen hat, das Kind beschenkt und es privilegiert, sich zum Beispiel anbietet, ihm das Fahrradfahren oder Schwimmen beizubringen, solange bis das Kind ihn von sich aus und gerne besucht. Dann kann er mit ersten ihn erregenden Handlungen beginnen.

2. Das zweite Merkmal des sexuellen Mißbrauchs leitet sich aus diesem ersten Merkmal der vorgängig bestehenden Vertrauens- und Abhängigkeitsbeziehung ab: Der Täter knüpft, um zu seinem Ziel zu kommen, dem Kinde gegenüber ausdrücklich an dem vorgängig bestehenden Vertrauensverhältnis an. Er wird dem Kinde also zum Beispiel sagen: „Das tun alle Väter mit ihren Töchtern." Oder: „Ich tue das nur, weil ich dich liebe". Oder: „Wir

haben uns doch so gerne und kennen uns so gut – da können wir jetzt auch einmal zusammen unter die Dusche gehen." Der Täter schleicht sich also ein. In der Regel wird er – im Unterschied zur Vergewaltigung – gerade nicht physischen Zwang oder physische Gewalt anwenden, um zu seinem Ziel zu kommen, sondern er kommt im Gegenteil „durch die Hintertür". – Wir können hier schon sehen, daß im Unterschied zur Vergewaltigung das Opfer zumindest in der Anfangsphase der Mißbrauchsbeziehung überhaupt nicht erkennen kann, daß es sich in einer Opferposition befindet.

3. Sexueller Mißbrauch ist immer eine Wiederholungs- und Eskalationstat. Der Täter wird in der Regel nicht als erstes eine sexuelle Handlung im engeren Sinne des Wortes vom Kind verlangen. Sondern er wird sich auch insofern einschleichen, als er zunächst vielleicht nur das Kind immer wieder auf den Schoß nimmt und bei sich selbst daran sexuelle Phantasien knüpft. Erst wenn dies für das Kind im Rahmen der Beziehung zu diesem Manne normal ist, wird er weitergehen und zum Beispiel – unter

Hinweis auf sommerliche Hitze – vorschlagen, daß man sich weitgehend entkleidet. Er wird zum Beispiel ein Spiel daraus machen: Wer kann sich am schnellsten ausziehen – oder ähnliches. Erst Wochen später wird er dann diese Ausziehspiele ummünzen zu ersten genitalen Berührungen, und wiederum einige Zeit später erst wird er sich erstmals vom Kinde masturbieren lassen usw. Die Mißbrauchsbeziehung dauert in der Regel viele Monate, manchmal jahrelang, in Einzelfällen bis zu 10 oder 15 Jahren.

4. Jeder Täter stellt das Kind, das er sexuell benutzt, unter das Geheimhaltungsgebot. Das kann in einem Fall durch Bestechungen und Sonderzuwendungen geschehen; es geschieht häufig auch durch Drohungen oder durch Hervorrufen eines prophylaktisch schlechten Gewissens für den Fall, daß das Kind mit einer dritten Person über das sprechen würde, was es mit dem Täter erlebt. Er kann so zum Beispiel zum Kinde sagen: „Wenn Du das erzählst, liebt Dich Deine Mutter nicht mehr, – kommst Du ins Heim, – töte ich Dein Meerschweinchen, – bekomme ich große Schwierigkeiten" etc.

5. In erster Linie für das Opfer selbst, nach Aufdeckung aber auch für die Angehörigen und in einem gewissen Grade auch für die Fachleute, besteht im Zusammenhang mit sexuellem Mißbrauch immer eine Realitätsverwirrung. Sie ergibt sich für das Opfer zunächst daraus, daß es um so weniger seinen Opferstatus realisieren kann, je jünger es ist und je weniger körperlicher Zwang vom Täter angewendet wird. Das Kind erkennt lange gar nicht, daß überhaupt etwas Unrechtes geschieht. Aber auch wenn das Kind im Verlauf der weiteren Eskalation der sexuellen Handlungen das Unrechte erkennt oder zumindest Angst- und Ekelgefühle hat, insofern es also nachträglich seine Opfersituation erfaßt, wird es über die Realität der sexuellen Vorgänge und ihrer Bedeutung lange Zeit im unklaren bleiben. Dies ergibt sich daraus, daß aus der Sicht des Kindes, die einzelnen Übergriffe wie ausgestanzt bleiben aus dem sonstigen Alltag, den das Kind mit dem Täter hat. Dieser sonstige Alltag ist ja, wie oben beschrieben, ein für das Kind durchaus sehr angenehmer, ja schöner Alltag, denn der Täter hat sich ja vorgängig und in besonderer Weise um das Kind

gekümmert und er tut dies auch weiter, nachdem er mit den sexuellen Handlungen angefangen hat. Aus der Sicht des Kindes sind diese beiden Seiten des Täters nicht miteinander in Einklang zu bringen. Viele Kinder gehen damit so um, daß sie vor sich selbst die sexuellen Übergriffe überhaupt leugnen – „Das habe ich nur geträumt" – oder daß sie bei sich das Bild vom Verursacher der Übergriffe abspalten vom Bild des Mannes, der sich in so besonderer Weise im Alltag um sie kümmert. Diese Kinder leben dann zum Beispiel mit der Angst, daß nachts immer „ein Gespenst" oder „ein Wolf" kommt und zu ihnen unter die Bettdecke kriecht und dann „so komische Sachen mit mir macht".

Die Täter haben es auf diese Realitätsverwirrung des Kindes gezielt angelegt. Sie arrangieren, besonders wenn es dann um die eigentlichen sexuellen Handlungen geht, die Situation so, daß schon die Situation selbst für das Kind begrifflich nicht faßbar ist, daß das Kind also gar nicht versteht, was geschieht und warum es geschieht. Er wird also zum Beispiel darauf achten, daß, wenn er es etwa auf orale Befriedigung durch das Kind angelegt hat, der

Raum, in dem das geschieht, abgedunkelt ist, daß man sich gegenseitig nicht in die Augen schaut, daß auf keinen Fall die sexuelle Handlung versprachlicht wird, so daß dem Kind schon von der ganzen Atmosphäre der Situation her unklar bleiben muß, worum es hier eigentlich geht. Der Täter zielt also darauf ab, das Übergriffsgeschehen dem Kinde zu entrealisieren. Die sich daraus ergebende Realitätsverwirrung setzt sich bei vielen Opfern bis ins Erwachsenenalter hinein fort und erfaßt, zumindest phasenweise, nach der Aufdeckung auch die Personen aus der Umgebung des Kindes und zum Teil auch uns sogenannte Fachleute. Auch nach Aufdeckung eines Mißbrauchs kann es sein, daß man streckenweise dem Opfer gar nicht glaubt, daß man zumindest seine Aussagen für übertrieben hält oder daß man geneigt ist, den vernebelnden Umdeutungen, Bagatellisierungen und Entschuldigungen des Täters zu glauben.

Diese fünf Merkmale müssen also gegeben sein, damit wir im psychologischen Sinne von sexuellem Mißbrauch sprechen.

Möglichkeiten der vorbeugenden Erziehung

Man fragt sich natürlich, wie ist es möglich, daß Kinder sich überhaupt auf so etwas einlassen. Dazu machen wir uns zunächst klar, daß die Täter ein Kommunikationsmuster benutzen, das viele Kinder durchaus kennen und das darin besteht, daß der Erwachsene mit dem Kinde in einer Weise spricht, die ihm die Verantwortung für etwas zuschiebt, wofür eigentlich der Erwachsene die Verantwortung hätte. Das Kind wird unter Umgehung seines klaren Ichbewußtseins angesprochen, indem es befangen gemacht wird, indem ihm ein schlechtes Gewissen gemacht wird oder seine Denkfähigkeit außer Kraft gesetzt wird. Beispiele sind zuhauf zu finden aus dem Feld des in unserer Gesellschaft sehr häufigen emotionalen Mißbrauchs: „Oma ist ganz traurig, wenn Du so im Essen herumstocherst." – „Sei doch mal ehrlich. Wenn Du wirklich in Dich hineinhörst, dann weißt Du genau, daß diese Disco für Dich viel zu laut ist." Oder: Die alleinerziehende Mutter sagt zu ihrem Sohn, der über das Wochenende seinen Vater besuchen will: „Ich weiß, daß ich mich auf Dich verlassen kann. Du wirst dem Vater nichts davon sagen, daß ich

diesen Kellnerinnenjob angenommen habe." Oder: „Dein Vater versteht mich nicht. Aber Du kannst so gut zuhören. Es tut mir gut, Dir mal erzählen zu können, wie schrecklich unsere Ehe war."
All dies sind Botschaften, die das Ich des Kindes umgehen und damit entwerten, die es befangen machen und das Kind für die hier emotionalen Zwecke des Erwachsenen einspannen in einer Weise, daß die erwartete Handlung dem Kinde als seine eigene, womöglich freiwillige, erscheinen soll. Solche Botschaften funktionieren deshalb, weil in diesen Beispielen emotionalen Mißbrauchs ebenfalls bereits eine Vertrauens- und Abhängigkeitsbeziehung zwischen dem Absender und dem Empfänger der Botschaft besteht.

Kinder, die mit solchen Botschaften aufwachsen, werden, wenn sie in eine Mißbrauchsbeziehung geraten, den übergriffigen Charakter der Beziehung lange nicht erkennen.

Daraus ergibt sich die Frage der präventiven Möglichkeiten. Hier ist zuerst festzuhalten, daß bis heute keine sichere Methode bekannt ist, die verhindern könnte, daß Kinder in eine Mißbrauchssituation geraten. Dennoch haben sich aber zwei Wege herauskristallisiert, die wir als

Eltern einschlagen können, um wenigstens die Wahrscheinlichkeit zu reduzieren, daß das Kind Mißbrauchsopfer wird.

Den ersten Weg nenne ich „frühe Erziehung zur Selbstbestimmung über die eigene Leiblichkeit", und der zweite Weg ist die ganz konkrete Aufklärung über die Möglichkeiten des Mißbrauchs.

Zunächst zum ersten Weg, der frühen Erziehung zur Selbstbestimmung über die eigene Leiblichkeit. Nehmen wir ein Beispiel: Da gibt es den kleinen Fritz, ein 5jähriges knuddeliges Kind mit lockigen Haaren und properen Wangen. Tante Erna kommt zu Besuch, reißt schon an der Tür den Jungen zu sich hoch und gibt ihm einen dikken, nassen Kuß auf die Wange. Als Eltern haben wir jetzt zwei Möglichkeiten: Wir können sagen: „Stell' Dich nicht so an. Die Tante Erna ist sonst ganz traurig. Sie hat Dir auch eine Tafel Schokolade mitgebracht." In diesem Fall würden wir das Kind darauf eichen, daß Tante Erna den Jungen für ihre emotionalen Bedürfnisse benutzen kann. Die andere Möglichkeit besteht darin, daß wir als Mutter oder Vater der Tante Erna den kleinen Fritz freundlich, aber bestimmt aus dem Arm nehmen und klar und deutlich und auch für Fritz hörbar etwa sagen: „Ich sehe, daß Fritz das jetzt nicht möchte." In diesem Fall würde Fritz hören, daß wir seine Empfindungen und Gefühle wahrnehmen und ernst nehmen. Er würde hören, daß es seine Entscheidung ist, ob er sich auf diese körperliche Nähe zu Tante Erna einlassen möchte oder nicht. Dieses banale Beispiel, wenn wir es uns als Erziehungsleitlinie vorstellen, würde das Kind etwas Grundlegendes erfahren lassen über sein Recht auf Selbstbestimmung über das, was mit seinem Körper durch andere Menschen geschieht.

Ein Kind soll also lernen und erfahren, daß wir im allgemeinen mit seinem Körper nichts gegen seinen Willen tun. Dieser Grundsatz kann durchaus zu häuslichen Konflikten führen. Aber selbst in dem Fall, wo ein Fritz oder eine Anna sich vielleicht weigern, vor dem Zubettgehen sich den Hals zu waschen oder wo Paul den Anorak nicht überziehen will, wenn er hinausgeht, würde ich in der Regel dafür plädieren, dem Kind keinen Zwang anzutun.

Ein Kind soll auch erleben, daß es niemals gegen seinen Willen gekitzelt, gestreichelt oder sonstwie berührt wird. Und es soll erfahren, daß wir auch seine Gefühle ernst nehmen und sie aufgreifen und nicht darüber hinweggehen. Nehmen wir als

Beispiel noch einmal Tante Erna: Tante Erna feiert ihren 70. Geburtstag und hat die Familie eingeladen. Und die 10jährige Anna äußert klar und deutlich, daß sie ganz einfach keine Lust hat mitzugehen, weil es bei Tante Erna „immer so stinkt" und weil sie dort immer nur nach der Schule gefragt wird. Ich plädiere dafür, in diesem Fall das Kind ernst zu nehmen und mit dem Kinde zu überlegen, wie es in der Zeit, wo die Familie zum Geburtstag geht, anderweitig untergebracht werden kann.

Ein Kind darf auch nein sagen – und das muß es immer wieder erleben, und nicht einfach nur gesagt bekommen –, wenn es etwas tun soll, das es nicht versteht oder das ihm komisch vorkommt, besonders wenn dies den eigenen Körper betrifft. Und Eltern sollen darüber wachen, daß auch andere Personen das respektieren. Es gibt natürlich Situationen, wo wir als Eltern dem Kinde, seinem Körper, eben doch Zwang antun müssen. Vielleicht steht zum Beispiel eine schmerzhafte zahnärztliche Behandlung an. In diesem Fall soll das Kind aber erleben, daß wir ihm wenigstens erklären, warum wir jetzt etwas von ihm verlangen oder an seinem Körper tun oder tun lassen, was es eigentlich nicht will.

Überhaupt kann man mit Kindern immer mal wieder besprechen, welche Berührungen sie eigentlich mögen und in Ordnung finden und welche nicht.
Hierzu würde auch gehören, daß wir Zuhause ein offenes und unbefangenes Gesprächsklima bezüglich geschlechtlicher Dinge haben. Gut aufgeklärte Kinder haben eine geringere Wahrscheinlichkeit, in eine Mißbrauchssituation zu geraten als schlecht aufgeklärte Kinder. Wobei ich mit „Aufklärung" in diesem Falle nicht detaillierte biologische Information meine, sondern das immer wieder erneuerte Erlebnis, daß man die Begriffe für die Geschlechtsorgane und ihre Funktionen genauso unbefangen verwenden kann wie irgendwelche andere Begriffe. (siehe Wais, 1997).
Hierzu gehört auch, daß wir von Anfang an den Intimbereich des Kindes ernst nehmen. Es geht hier um solche Banalitäten wie die, daß wir zum Beispiel anklopfen, wenn wir in das Bad oder Zimmer treten, in dem das Kind gerade auf dem Topf sitzt. Es geht also darum, daß wir die kleinen alltäglichen Überschreitungen der persönlichen Intimitätsgrenze sowohl des Kindes wie des Erwachsenen, auch wenn sie in unserer Gesellschaft als zulässig gelten, als solche, als Grenz-

überschreitungen, markieren. Das ist zum Beispiel beim Eintreten ins Bad das Anklopfen; das kann in einem anderen Fall die beiläufige Frage sein: „Macht es Dir etwas aus, wenn ich mich hier umziehe?" Es geht hier also um ganz alltägliche Dinge, die aber das entsprechende Selbstbewußtsein des Kindes bezüglich der Eigenverfügung über die eigene Leiblichkeit und die Intimität sehr stärken.

Wie kann man aber konkret mit einem Kinde über die Gefahr des sexuellen Mißbrauchs sprechen?

Man wird sich immer 'mal wieder Zeit nehmen und ein Gespräch mit dem Kind ungefähr so beginnen: „Du weißt, manchmal tun Leute etwas, das Dir komisch vorkommt. Was findest Du zum Beispiel komisch?" Das Kind wird dann vielleicht sagen: „Wenn ich morgens durch den dunklen Hausflur zur Straße gehe." Oder: „Wenn der Vater meiner Freundin immer mitgehen will, wenn wir schwimmen gehen." Jetzt kann man das Gespräch zum Beispiel so weiterführen: „Wenn so etwas vorkommt, da brauchst Du Dir das ja gar nicht gefallen zu lassen. Du kannst es uns sagen und wir werden versuchen, so etwas zu ändern. Denn ich möchte einfach, daß Du verstehst, was Du erlebst und daß Du nicht etwas mitmachen mußt, was Dir komisch vorkommt oder was Du nicht verstehst."

Jetzt muß man aber konkreter werden: „Ein weiteres Beispiel für etwas, was Du vielleicht nicht verstehen würdest oder was Dir komisch vorkäme, ist, wenn Dich jemand anfaßt oder streicheln will und Dir aber vielleicht gar nicht danach ist. Das sind Situationen, da kannst Du nein sagen. Das brauchst Du Dir nicht gefallen zu lassen. – Oder wenn Dir womöglich jemand zwischen die Beine faßt, das würde Dir auch komisch vorkommen. Oder Dir einfach einen Kuß aufdrücken will. Oder wenn Dir jemand womöglich die Hand in die Hose schieben würde. Das sind alles Dinge, die brauchst Du Dir nicht gefallen zu lassen. Da sagst Du einfach, daß Du das nicht möchtest und daß Du das Zuhause erzählen wirst."

Es ist also bei dieser Art vorbeugender Aufklärung unbedingt erforderlich, daß wir dem Kinde die möglichen konkreten Anfangssituationen einer Mißbrauchseskalation benennen und kurz be-

schreiben. Es würde nicht reichen, das Kind vor etwas „Komischem" oder „Bösem" zu warnen. Im konkreten Falle könnte das Kind nichts damit anfangen.
Wir brauchen keine Angst zu haben, daß wir mit dieser Art konkreter Aufklärung den Kindern Angst machen. Im Gegensatz zu uns weiß das Kind ja nicht, wohin solche Anfangssituationen führen können. Und das braucht es auch nicht zu wissen. Wesentlich ist hier lediglich, daß wir als Eltern vor solchen Gesprächen mit Kindern uns selbst eine klare und ruhige Haltung dem ganzen Thema gegenüber erarbeitet haben. Wenn wir solche Aufklärungsgespräche führen würden aus einer flirrenden Ängstlichkeit heraus, so würde sich diese flirrende Ängstlichkeit auf das Kind übertragen und dann hätte man tatsächlich mehr Schaden angerichtet als verhindert.
Ein Kind muß also von uns hören, worin konkret Grenzüberschreitungen bestehen können. Dann wird es sich nicht so leicht überrumpeln und verwirren lassen.
Im Rahmen solcher Gespräche wird das Kind irgendwann fragen: „Wer macht denn so was?"
Hier können wir etwa antworten: „Die meisten Frauen und Männer machen so etwas nicht. Aber

es gibt ein paar wenige, die machen es doch. Das ist genauso, wie ja nur ganz wenige Menschen Einbrecher und Räuber sind. Aber wegen der paar wenigen schließen wir abends unsere Haustüre ab. Es ist wie bei dem, was ich Dir neulich über das Überqueren der Straße gesagt habe: Wir müssen immer vorher nach links und nach rechts schauen, ob ein Auto kommt, auch wenn da eine Ampel ist und auch wenn die allermeisten Autofahrer bei Rot und am Zebrastreifen von sich aus anhalten." Jetzt müssen wir hinzufügen: „Das können auch Leute sein, die Du schon kennst und die dabei vielleicht sagen, sie täten es nur, weil sie Dich gerne hätten. Wenn Du es nicht magst und es Dir komisch vorkommt oder Du eine Frage dazu hast, dann sagst Du erst einmal nein und erzählst es mir." Es hat also keinen Sinn, in diesem Zusammenhang vor dem fremden Mann mit der Tafel Schokolade zu warnen. Den gibt es zwar auch; die Wahrscheinlichkeit, daß das Kind an einen solchen Menschen gerät, ist aber wesentlich geringer als die Wahrscheinlichkeit, daß es in eine Mißbrauchsbeziehung gerät.

In solchen Gesprächen wird man das Kind im übrigen immer wieder dazu anleiten, nein zu sagen, sich zu wehren, gegebenenfalls auch weglaufen oder um Hilfe zu rufen. Und immer wieder wird man das verbinden mit konkreten Benennungen der fraglichen Situationen: „Wenn Dir jemand auf den Hintern klopft, kannst Du sagen, er soll das lassen."

Man wird dann hin und wieder Was-wäre-wenn-Spiele mit dem Kind machen: Man muß also prüfen, ob es angekommen ist, was man bisher in diesem Zusammenhang aufklärend gesagt hat. „Was würdest Du zum Beispiel machen, wenn Herr X. sagt, Du sollst Dich ausziehen?" Jetzt kann man sehen, ob das Kind begriffen hat, wann ein Übergriff in seinen Intimbereich vorliegt und wie es reagieren sollte.

Weiterhin muß der Geheimhaltungspflicht entgegengearbeitet werden. „Wenn von Dir verlangt wird, solche Berührungen, wie ich sie Dir beschrieben habe, geheimzuhalten, dann ist das kein berechtigtes Geheimnis." Man wird dem Kind den Unterschied zwischen guten, berechtigten und schlechten Geheimnissen erklären. „Ein gutes Geheimnis ist, wenn beide Beteiligten daran Freude habe. Ein schlechtes Geheimnis ist, wenn einer der beiden ein komisches Gefühl, Bauchschmerzen dabei hat. Über solche schlech-

ten Geheimnissen darf man eben doch sprechen. Ich erlaube Dir, über solche Geheimnisse zu sprechen." Ein Kind muß also wissen, daß niemand von ihm verlangen kann, aus Berührungen ein Geheimnis zu machen.
Schließlich muß eventuellen Schuldgefühlen vorgebeugt werden, falls das Kind doch in eine Mißbrauchssituation geraten sollte. Wir werden dem Kind also vermitteln, daß es in diesem Fall nicht seine Schuld ist, wenn es doch einmal passieren sollte, und daß es gut ist und gut tut, hinterher darüber zu sprechen.

Woran erkennt man das Mißbrauchsopfer?

Es gibt kein einheitliches Symptombild, das zwingend den Schluß zuließe, daß das Kind sich in einer Mißbrauchssituation befindet. Jedes Symptom, jede Verhaltensstörung, die nach Mißbrauch auftreten können, können – für sich betrachtet – auch auf ganz andere Traumatisierungen und Belastungen zurückgehen. Andererseits gibt es aber charakteristische Symptomkonstellationen, die es zumindest sinnvoll erscheinen lassen, einem Mißbrauchsverdacht gezielt nachzugehen.

Um uns hiervon ein Bild zu machen, betrachten wir vier Ebenen, auf denen, menschenkundlich gesehen, das Kind durch die Mißbrauchsbeziehung verletzt und traumatisiert werden kann.

1. In seltenen Fällen haben Mißbrauchsopfer körperliche Gewaltzeichen. Das können zum Beispiel blaue Flecken an der Innenseite der Oberschenkel sein oder Fissuren, kleine Gewebsrisse, am After oder an der Scheide. In solchen Fällen hat der Täter dann doch physische Gewalt angewendet. Dies ist aber beim Mißbrauch selten. Es würde dazu führen, daß das Kind sehr wohl ein Opferbewußtsein hat. Das Kind erkennt bei körperlicher Verletzung natürlich sofort, daß es Gegenstand eines Angriffes geworden ist.

2. Kinder, die schon sehr früh, beginnend vor dem 3. Lebensjahr, regelmäßig mißbraucht werden – es sind meist Inzeste –, erkennen dagegen lange, meist lebenslang, ihren Opferstatus nicht. Im Gegenteil wird ihnen der ständige Übergriff zum Teil ihres Alltags. Grenzüberschreitungen zur Verfügung zu stehen, wird zur Gewohnheit und wird Teil der

Lebensgewohnheiten. Es prägt sich also ein elementares Abgrenzungsverbot oder zumindest ein Nichtbeachten von Intimitätsgrenzen im Gewohnheitsleib des Kindes ein. Diese Kinder müssen subjektiv gar nicht leiden, besonders wenn die sexuellen Handlungen für das Kind nicht beängstigend und körperlich nicht verletzend sind. Als Folge haben wir bei diesen Kindern ein Zuviel oder ein Zuwenig oder abwechselnd beides auf der Dimension von Nähe und Distanz. Diese Kinder können also als Teil ihres normalen Verhaltens eine Distanzlosigkeit, zum Teil eine sexualisierte Distanzlosigkeit an den Tag legen, die für sie selbst aber etwas ganz Normales ist. Sie fallen zum Beispiel dadurch auf, daß sie Spielkameraden Zungenküsse geben oder sich fremden Männern sofort auf den Schoß setzen. Das können auch Kinder sein, die in einer zwanghaft wirkenden Weise im Kindergarten zum Beispiel öffentlich onanieren. Oder sie sexualisieren das Puppenspiel oder versuchen, sexuelle Handlungen mit Spielkameraden nachzuspielen. Sie haben dabei kein Bewußtsein von Grenzüberschreitung. Diese Kinder haben also nicht gelernt, im Wahrnehmungsbereich, im

Denken, im Fühlen und im Verhalten sich von anderen Individualitäten abzugrenzen.

Als Spätfolge erscheinen – außer der Fortsetzung des beschriebenen distanzlosen Verhaltens bis ins Erwachsenenleben hinein – psychosomatische Erkrankungen der Haut und der Schleimhäute und des Immunsystems. Das bedeutet, daß das Abgrenzungsverbot, das dem Gewohnheitsleib eingeprägt wurde, mit der Zeit bis in die körperlichen Funktionen hineingeht. Haut, Schleimhäute und Immunsystem sind ja beauftragt mit der Abgrenzung des Körpers gegenüber Fremdstoffen. Diese Grundfunktion kann außer Kraft gesetzt oder geschwächt sein, so daß es dann später zu Magen- oder Darmstörungen kommt, zu Eßstörungen oder zu bestimmten Formen der Immunschwäche.

3. Kinder, bei denen die Mißbrauchsbeziehung im zweiten Jahrsiebt beginnt – es sind eher außerfamiliäre Mißbrauchsbeziehungen – haben in der Regel relativ bald ein bewußtes Erleben der sexuellen Handlungen als Übergriffe. Das heißt, sie erkennen sich als Opfer. Sie haben Erlebnisse von Ekel, von Angst, von

Bedrängnis und Ausweglosigkeit. Bei diesen Kindern ergeben sich Symptome der Hilflosigkeit und des extremen Schutzbedürfnisses. Diese Kinder können Angst- und Erstickungsanfälle haben. Sie können autoaggressives Verhalten zeigen (Aufkratzen der Haut, Nägelkauen, Haareausreißen). Charakteristisch für diese Kinder ist eine bestimmte „Flüchtigkeit". Damit ist nicht Oberflächlichkeit gemeint, sondern eine Haltung, die sich aus einem Notbehelf des Kindes ergibt, das versucht, die bedrängenden und beängstigenden Übergriffe seelisch auszuhalten: Das Kind „schraubt sich innerlich weg". Das heißt, es versucht sich anzugewöhnen, die körperlichen Belästigungen und Übergriffe als nicht ihm selbst geschehend zu sehen. Es koppelt sein seelisches Erleben von der Körpereigenwahrnehmung ab. Es entsteht ein tiefer Wunsch, sich zu verbergen. Diese Kinder werden nicht nur eine, von aussen gesehen, übertriebene Schutzhaltung zeigen: Sie können sich zum Beispiel weigern, im Klassenraum den Anorak auszuziehen. Sie können sich weigern, in Gegenwart von anderen Personen sich umzuziehen. Sie werden überhaupt jede Situation körperlichen Exponiertseins zu vermeiden versuchen. Dahinter ist eine Haltung des „Es geschieht nicht mir". Diese Kinder werden mit der Zeit auf jede Art von menschlicher Nähe und auf jede Situation, in der sie gezielt gemeint und angesprochen sind, mit einem inneren Abtauchen antworten. Sie können dann zwar äußerlich funktionieren und das gesellschaftlich erwartete Verhalten zeigen. Ihr Erleben geht aber nicht mit. Diese Kinder zeigen häufig auch, besonders am Beginn der Mißbrauchssituation, plötzliche Verhaltens- und Gewohnheitsänderungen. Der gute Esser wird plötzlich ein schlechter Esser, und der gute Schüler wird plötzlich ein schlechter Schüler oder anders herum: Der schlechte Schüler wird plötzlich ein guter Schüler. Das gesprächige Kind wird sehr still. Das stille Kind wird gesprächig und plappert nur noch unstrukturiert herum.

4. Die extremste Traumatisierung liegt vor, wenn der Mißbrauch sehr früh einsetzt und sehr lange andauert, wenn er familiär ist und wenn er eingebettet ist in das im Kapitel „Vorbeugung" beschriebene Klima der emotionalen Ausbeutung. Diese Kinder haben kein Opferbewußt-

sein. Sie können zwar Erinnerungen an Details der sexuellen Übergriffe haben, sie verbinden aber damit nicht, daß ihnen etwas angetan worden ist, und im Gegenteil können sie sogar, manchmal als Erwachsene, sagen: „Es war schön" oder zumindest „Das war doch ganz normal". Hier wurde also die Grundfunktion des Ichs, sich getrennt zu erleben von anderen Ichen, elementar beschädigt. Solche Mißbrauchsopfer sind in Gefahr, die mißbräuchliche Kommunikationsstruktur an die nächste Generation weiterzugeben, auch wenn das nicht heißt, daß sie selbst wieder im engeren Sinne des Wortes mißbrauchen. Sie werden nicht lernen, zwischen eigenem und fremdem Willen zu unterscheiden, geschweige denn einen eigenen Willen auszubilden. Von außen gesehen kann das zu einer starken Sexualisierung des Erlebens führen, zur Ausbeutbarkeit auf allen Feldern und im Extremfall zu Psychose und zur Karriere als Prostituierte.

Diese Aufteilung in die vier Traumatisierungsebenen ist insofern künstlich, als die meisten Mißbrauchsopfer auf mehr als einer Ebene geschädigt sind.

Es muß hier noch erwähnt werden der Mißbrauch von Jungen. Bisher wurde von Mißbrauch an Kindern gesprochen. Gemeint waren also Mädchen und Jungen. Wenn ein Junge Opfer eines Mißbrauchs ist, so kommt für ihn ein Problem hinzu, das weibliche Mißbrauchsopfer so offenbar nicht haben. Auch heute noch glauben Jungen an das klassische männliche Rollenbild: ein Junge ist stark, autonom, er kann sich wehren, er wird nicht hilflos sein, er kann souverän bestimmen, was mit ihm geschieht. Wenn er nun aber Gegenstand einer Ausbeutungsbeziehung wird, so erlebt er das Gegenteil dessen, was das Rollenbild von ihm erwartet. Er wird also eine elementare Verunsicherung erleben über die eigene Geschlechterrolle, ob er sie wirklich erfüllt. Bei älteren Jungen, etwa ab Beginn der Pubertät führt dies unweigerlich zu der Frage: „Bin ich womöglich schwul?"
Die Jungen reagieren nach zwei verschiedenen Richtungen. Eine etwas kleinere Gruppe reagiert mit betonter Männlichkeit. Sie verhalten sich aggressiv und machtbetont. Sie protzen vielleicht öffentlich mit ihren sexuellen Erfahrungen herum. Und sie werden dazu neigen, das Schwächeerlebnis an andere, ihnen unterlegene Kinder

weiterzugeben. Für diese Jungen besteht kein Unterschied zwischen Zuwendung und Ausbeutung, und sie werden später zu einer aggressiven Form von Sexualverhalten neigen.

Die größere Gruppe der männlichen Mißbrauchsopfer reagiert genau umgekehrt: Sie resignieren bezüglich der männlichen Geschlechterrolle und ziehen sich bis in die Isolation hinein zurück aus Situationen und Beziehungen, in denen sie speziell als Jungen gefragt sein könnten. Sie werden also zum Beispiel die typischen Wettbewerbssituationen, wie sie unter Jungen üblich sind, vermeiden. Sie werden die Nähe zum anderen Geschlecht vermeiden, oder diese Nähe wird zumindest sehr spannungsgeladen sein. Dies kann bis zur Depression und zur Aufgabe männlicher Zielvorstellungen führen.

Solche Erlebnisse haben auch Jungen, die von Frauen mißbraucht werden. Es gehört zum männlichen Rollenbild, daß sexuelle Beziehungen vom Mann auszugehen haben und daß sie dem Manne Spaß machen müssen. Wenn ein Junge nun erlebt, daß die sexuelle Beziehung nicht von ihm ausgegangen ist und daß sie ihm keinen Spaß gemacht hat, so wird er ebenfalls Zweifel daran haben, ob er seine Geschlechterrolle erfüllt.

Wie kann man mit einem Mißbrauchsverdacht umgehen?

Wenn wir in der eigenen Familie, in der Nachbarschaft oder durch unseren pädagogischen Beruf ein Kind kennen, bei dem wir befürchten, daß es sich in einer Mißbrauchssituation befindet oder befunden hat, so ist das erste, war wir tun, daß wir eine Tasse Tee trinken. Das heißt, wir versuchen zunächst, Ruhe zu bewahren. Wir können uns hinsetzen und so nüchtern wie möglich die Tatsachen aufschreiben, die uns auf diese Vermutung gebracht haben. Was habe ich beobachtet, was hat das Kind gesagt, das mir den Verdacht nahelegt? So eine Niederschrift kann man nach ein paar Tagen wieder hervorholen und sie vielleicht ergänzen oder korrigieren.

Als zweiten Schritt wird man damit eine Fachberatungsstelle aufsuchen, eine Erziehungsberatungsstelle oder eine Spezialberatungsstelle für sexuellen Mißbrauch und dort die eigenen Beobachtungen vortragen. Im Rahmen einer Fachberatungsstelle wird der Betreffende, der einen solchen Verdacht meldet, auf jeden Fall ernst genommen werden. Die Verdachtsmeldung wird in das Team aufgenommen werden, und es

werden sich in der Regel mehrere Personen verschiedener Professionalität mit dem Fall beschäftigen und das weitere Vorgehen mit der meldenden Person besprechen und abstimmen. Es muß also zum Beispiel festgelegt werden, wer versuchen soll, mit dem Kinde selbst ins Gespräch zu kommen. Wer soll die Eltern oder die Mutter ansprechen und wann? Wer begleitet und berät die meldende Person usw.? Ein Mißbrauchsfall muß also immer multiprofessionell behandelt werden.
Niemand, kein Laie und auch keine einzelne Fachperson, kann als Einzelperson einen Mißbrauchsverdacht aufdecken. Man hat es mit einem Nebel von komplexen Beziehungen zu tun, in dem man sich sofort verirrt und die Übersicht verliert, wenn man als Einzelperson von sich die Aufklärung des Mißbrauchsverdachtes verlangt.
Die Person, die als Vertrauensperson für das Kind festgelegt wurde (es kann unter Umständen auch die meldende Person sein), wird nun mit dem Kind ins Gespräch kommen. Sie wird dem Kinde zum Beispiel sagen, daß sie Kinder kennt, die körperlich und sexuell belästigt worden sind, und sie wird ein paar Beispiele für diese Art von Belästigung benennen. Dies ist wichtig, damit das Kind weiß, daß die Vertrauensperson im Prinzip

weiß, worum es geht. Das Kind wird dann nach und nach einzelne Übergriffe andeuten oder auch aussprechen. Es wird dies aber nicht in einer bündigen und zusammenfassenden Weise tun, sondern immer fragmentarisch und zum Teil sogar widersprüchlich. Man wird das Kind von der Geheimnispflicht entbinden und ihm sagen, daß man die Verantwortung übernimmt für das Übertreten des Geheimnisgebotes. Man wird zum Ausdruck bringen, daß man froh ist, daß das Kind jetzt darüber sprechen kann und daß ihm das gut tun wird und es ermutigen, noch bevor man das Faktische von ihm verlangt, über die Gefühle von Hilflosigkeit, Angst und Scham und Schuld zu sprechen. Man wird nicht am Anfang einer solchen Gesprächsreihe mit dem Kind Warum-Fragen stellen oder gar Vorhaltungen machen: „Warum hast Du Dich darauf eingelassen?" Man wird auch keine Verwünschungen an die Adresse des Täters richten, sondern man wird das Kind bezüglich des Täters beruhigen, indem man etwa zum Ausdruck bringt, daß die Erwachsenen jetzt gemeinsam versuchen können, Entsprechendes in die Wege zu leiten, damit die Übergriffe aufhören. Nach dem Namen des Täters fragt man zuletzt.

Kinder nehmen manchmal im Verlauf solcher Gespräche ihre Aussagen wieder zurück. – „Das habe ich alles nur geträumt." Auch dies wird man respektieren und dem Kinde etwa sagen: „Ich sehe, Du möchtest, daß ich glaube, daß Du das alles nur geträumt hast. Ich kann mir gut vorstellen, daß Du Dir das wünschst." Das Kind wird realisieren, daß wir seine Ambivalenz bezüglich des Aussprechens der Tatsachen erkennen und respektieren, und wird bei weiteren Gesprächen die Darstellung des Faktischen wieder aufgreifen.

In der Presse wird immer wieder von Falschanschuldigungen im Zusammenhang mit dem Verdacht auf sexuellen Mißbrauch geschrieben. Solche Falschanschuldigungen gibt es. Nach allgemeiner fachlicher Auffassung machen Falschanschuldigungen etwa 4 % der Verdachtsmeldungen aus. Sie kommen manchmal im Zusammenhang mit Sorgerechtsstreitigkeiten sich trennener Elternpaare vor. Von sich aus oder manchmal von der Mutter aufgefordert kann ein 12- oder 13jähriges Mädchen sich gerade trennender Eltern behaupten, es werde vom Vater seit Jahren mißbraucht. – Diese Falschmeldungen sind für die Fachfrau und den

Fachmann meist schnell als solche erkennbar, weil diese Kinder auf näheres Befragen keine Einzelheiten zu nennen wissen und die bündige Aussage, die sie sich zurechtgelegt haben, ständig wiederholen. Häufiger sind Irrtümer nach der anderen Richtung: Kinder können einer Vertrauensperson so detailliert von Übergriffen berichten, daß man nach allem fachlichen Ermessen keinen Zweifel an der Tatsächlichkeit der Übergriffe hat. Sie können ihre Schilderungen aber dann zum Beispiel vor Gericht wieder zurückziehen, und – zumindest offiziell gesehen – geht dieser Fall dann nicht in die Mißbrauchsstatistik ein.

Es ist gut, daß die Öffentlichkeit sich heute mit diesem Thema beschäftigt. Neben der Information, die auch die Öffentlichkeit haben muß, ist es besonders wichtig, daß man/frau sich eine klare Haltung zu diesem Thema erarbeitet, auch bezüglich der skizzierten Erziehungsfragen. Auf der anderen Seite ist auch Vorsicht nicht unangebracht: Man sollte nicht aus der ersten Beschäftigung mit dem Thema heraus nun wie ein Detektiv jedes Kind, das einem vor Augen kommt, auf eventuelle entsprechende Symptome hin absuchen. Eine flirrende, ängstliche Unruhe im Zusammenhang mit diesem Thema ist für alle Beteiligten, in erster Linie aber für die Opfer, nur destruktiv. Vergessen wir nicht, daß alle beschriebenen Verhaltensauffälligkeiten der Kinder auch ganz andere Ursachen haben können. Auch aus diesem Grunde sollte jeder, der einen Mißbrauchsverdacht hat, eine Fachberatungsstelle hinzuziehen und nicht den Ehrgeiz haben, als Privatperson und allein einen Mißbrauchsverdacht aufdecken zu wollen. Es ist durchaus ernst gemeint: Zuerst eine Tasse Tee trinken.

Ist sexueller Mißbrauch „Karma"?

Bekanntlich ist es heute unumgänglich, daß wir uns mit dem sicher schwer verdaulichen Thema des Mißbrauchs beschäftigen. Auch in Waldorf-Zusammenhängen setzt man sich heute mit diesem Thema mutig auseinander. Es wird Information gesucht, besonders suchen Eltern nach den Möglichkeiten vorbeugender Erziehung. Ziel von Elternabenden, Seminaren und ähnlichen Veranstaltungen zu diesem Thema ist aus meiner Sicht aber nicht in erster Linie die Information, sondern daß die Teilnehmer sich eine klare, offensive und gefestigte Haltung diesem verunsichernden Thema gegenüber erarbeiten können.

Nun tauchen bei solchen Veranstaltungen verständlicherweise auch Fragen nach dem karmischen Aspekt des Themas auf, zum Beispiel: „Haben sich die Mißbrauchsopfer den Mißbrauch schicksalhaft ausgesucht?" – „Sollen die Opfer von Mißbrauch Opferbereitschaft lernen?" – „Haben sie in ihrem letzten Leben selbst vielleicht eine dunkle Seite gelebt, die jetzt dadurch ausgeglichen wird, daß sie in eine Mißbrauchsbeziehung geraten?"

Der Umgang mit solchen Fragen bedarf meines Erachtens einer besonderen Sorgfalt. Zunächst sollten wir den Blick darauf richten, <u>wer</u> fragt. Fragen sind immer Teile einer Kommunikation. Eine solche Frage ist anders zu handhaben, wenn eine Betroffene oder ein Betroffener fragt, als wenn jemand fragt, der nicht selbst betroffen ist. Und wieder eine andere Sache ist es, wenn Täter so fragen. Fragen sind selten einfach nur Informationsfragen. Häufig enthalten Fragen neben ihrem wörtlichen Inhalt noch eine Tendenz: zum Beispiel kann eine Person, die selbst nicht betroffen ist und die sich im anthroposophischen Denken bewegt, voraussetzen, daß auch ein so schweres Schicksal ein „Ausgleich" ist für moralische Vergehen in einem früheren Erdenleben. Sinn der Frage ist dann, vom Referenten oder vom Gesprächspartner eine Bestätigung oder Erläuterung dessen zu bekommen, was man selbst schon voraussetzt. Es kommt dann zu solchen Fragen-Präzisierungen wie zum Beispiel: „Die Mißbrauchsopfer müssen doch im karmischen Sinne selbst mit schuld daran sein, daß ihnen in diesem Erdenleben so etwas geschieht."

Jetzt stellen wir uns vor, solches wäre anthroposophischer Konsens. Was mag das für die Opfer bedeuten, die sich immer selbst schuldig fühlen an dem, was ihnen der Mißbraucher angetan hat? Und was mag es andererseits für Täter bedeuten, die nichts lieber hören, als daß die Opfer selber schuld sind? Und was mag es für die nicht-betroffene Öffentlichkeit bedeuten, die sich abwechselnd sehr aufgeregt und in flirrender Ängstlichkeit mit dem Thema beschäftigt und dann auch wieder am liebsten gar nichts mehr darüber hören will?

Können Nicht-Betroffene berechtigt sein, Betroffenen gegenüber direkt oder indirekt von deren „karmischer Schuld" oder Selbstverantwortung in diesem Zusammenhang zu sprechen? Ich glaube: Nein. Denn solche Behauptungen von der karmischen Eigenverantwortung für das konkrete eigene Schicksal bewirken bei Mißbrauchsopfern etwas, das ihre seelischen Wunden wieder aufreißt und ihre Traumatisierung erneut aktualisiert. „Was muß ich für ein verworfener Mensch sein, daß ich so etwas über Jahre mitgemacht habe?" – ein typischer Selbstvorwurf von Mißbrauchsopfern. Mit anderen Worten: Annahmen über die karmische Eigenverantwortung, selbst wenn sie inhaltlich zuträfen, sind für Mißbrauchsopfer nicht handhabbar.

Wenn Nicht-Betroffene, die Gesellschaft, solche Spekulationen verbreiten, schädigen sie die Mißbrauchsopfer erneut. Diese können nicht konstruktiv damit umgehen.

Nun können solche Fragen ja auch von Betroffenen selbst kommen, die es sowohl in den anthroposophischen Zusammenhängen wie auch in anderen Zusammenhängen gibt. Welche Tendenz enthält jetzt die Karma-Frage? Zum einen kann sie eine ähnliche Tendenz haben, wie wenn Nicht-Betroffene fragen: Es geht dann um die Bestätigung des eigenen Schuldgefühls; psychologisch läuft es auf eine Re-Inszenierung der eigenen Scham und der subjektiven Selbst-Verworfenheit hinaus: „Ich bin nicht nur schuld dadurch, daß ich den Mißbrauch über mich habe ergehen lassen, sondern ich war auch schon in meinem letzten Leben ein verworfener Mensch." Dies ist eine destruktive Vorstellung. Sie kann unmöglich etwas Gutes bewirken.

Mißbrauchsopfer können die Frage nach der karmischen Selbstverantwortung auch mit einer anderen Tendenz stellen; sie wird dann aus einem Bedürfnis nach einem Erklärungs- oder Sinnbedürfnis heraus gestellt: „Warum gerade ich? Warum hat es mich getroffen?" Mit diesem Hintergrund kann die Karmafrage durchaus konstruktiv werden, weil sie den Blick darauf erlaubt, daß es nicht einfach nur ein grausamer, unverständlicher Zufall war, der den Betreffenden in die Mißbrauchserfahrung geführt hat. Dem Bedürfnis nach Sinnverständnis ist diese Fragerichtung unter Umständen hilfreich, zumindest wenn eine intensive Auseinandersetzung mit der eigenen Mißbrauchserfahrung vorausgegangen ist.

Daß Fragen also immer auch Teil einer Kommunikation sind, Teil eines öffentlichen Diskurses, ist das eine, das es zu handhaben gilt. Das andere ist das Inhaltliche: Wie kann man sich trauen, wie kann man sicher sein, hierüber „Erkenntnisse" zu haben? In der Regel ist den meisten Menschen der direkte Einblick in frühere Erdengänge ja verwehrt. Aber auch geistig strebende Menschen, die sich zum Beispiel mit von Rudolf Steiner vorgeschlagenen Karmaübungen befaßt haben, berichten – wenn sie denn darüber berichten – charakteristischerweise kaum von sicheren Erkenntnissen, sondern allenfalls von „ersten Ahnungen". Soweit ich das beurteilen kann, dürfte das realistisch sein. Die Karmaübungen können, soviel ich weiß, nicht stellvertretend für jemand anderes durchgeführt werden. Mit anderen Worten: Eigentlich können Nicht-Betroffene, auch wenn sie sich meditativ mit Karmaübungen auseinandersetzen, hier keine gültigen Ergebnisse ihrer Bemühungen vorlegen wollen. Im Gegenteil kann manchmal der Eindruck entstehen, daß es eine gewisse interessierte Spekulationslust gibt: Wenn wir annehmen können, daß die Mißbrauchsopfer in gewisser Weise selbst schuld sind, dann ist das ganze Phänomen des sexuellen Mißbrauchs nicht so ungeheuerlich, wie es erscheinen muß, wenn wir es als „Zufall" betrachten müßten. Ich möchte es deshalb ganz deutlich sagen dürfen: Meines Erachtens steht es Nicht-Betroffenen gar nicht zu, diesbezüglich Aussagen machen zu wollen, schon gar nicht in bezug auf Personen, die Betroffene sind.

Wie ist es aber, wenn Betroffene sich hierüber um Erkenntnis bemühen, zum Beispiel für sich die Karmaübungen durchführen in Zusammenhang mit ihren Mißbrauchserfahrungen? – Geistigem Streben, soweit ich es verstehe, ist es nicht förderlich, wenn es aus einer emotional aufgewühlten Seelenlage oder einer festgefahrenen einseitigen Haltung heraus geschieht. Das Mißbrauchsopfer ist in der Regel gefangen in Scham und Schuldgefühlen, hält sich für verworfen, schmutzig, unwert. Dies kann wohl nicht die Ausgangslage für den meditativen Blick auf die Frage des eigenen Karmas sein. Im Gegenteil dürfte eine gerade nicht-beurteilende Haltung die Voraussetzung dafür sein, daß wir das geistige Auge öffnen können. Ich habe es jedenfalls noch nicht erlebt, daß Betroffene solchen Fragen bis zu einem Endpunkt nachgehen konnten.

Etwas anders ist die Situation nach einer Therapie. Therapie heißt in diesem Zusammenhang ja nicht, daß das Problem erledigt ist. Das Mißbrauchstrauma ist nicht einfach heilbar. Das heißt andererseits nicht, daß es „unheilbar" ist. Vielmehr können Betroffene lernen, trotzdem ein weitgehend befriedigendes, normales Leben zu führen. Wenn dies erreicht ist, hat die Karmafrage für Betroffene eine solidere Voraussetzung: Jetzt mag die Möglichkeit gegeben sein, sich mit einer gewissen Gelassenheit mit dieser Frage auseinanderzusetzen. Dennoch: bis wohin? Ist es wirklich hilfreich zu „wissen" – wie es eine Klientin einmal meinte, herausgefunden zu haben – im letzten Leben eine „Magierin" gewesen zu sein und nun den Ausgleich dafür durch die Mißbrauchserfahrung geleistet zu haben? Ich kann den Wert solchen „Wissens", wenn es sich denn darum handelt, nicht erkennen.

Konstruktiv erscheint mir deshalb eine andere Handhabung der Karmafrage im Zusammenhang mit Mißbrauch: Wir können den Blick in die Zukunft richten. Was könnte sich jemand erarbeiten, worauf könnte er sich vorbereiten, dadurch daß er in diesem Erdenleben Mißbrauchsopfer wurde, sich in einem jahrelangen inneren und therapeutischen Prozeß damit auseinandersetzen und schließlich mühselig lernen mußte, wenigstens nachträglich die Unterscheidung zwischen eigenem und fremdem Willen zu finden, in dem eigenen Ich beheimatet zu fühlen? Ich denke, daß hier auch Nicht-Betroffene aufgerufen sind mitzudenken. Betroffene werden sich an diesen Karmaaspekt von selbst in der Regel kaum herantrauen, weil sie sich solcher Gesichtspunkte für unwert halten. Sie meinen, schon die Vorstellung stehe ihnen nicht zu. Nicht-Betroffene dürften also berechtigt sein, wenn sie von Betroffenen danach gefragt werden, den Blick der Betroffenen hierauf zu lenken: Daß da eine Seele wiederkommen wird, welche in sehr bewußter Weise ihre Ich-Funktionen wird ausüben können. Ihre ichhafte Verfügung über ihr Seelenleben, ihr Willensleben und ihre Leiblichkeit wird von einer hohen und wachen Kompetenz gekennzeichnet sein. Vielleicht dürfen wir das annehmen. Möglicherweise werden also Mißbrauchsopfer in ihrem nächsten Erdenleben antreten mit einer gewissen Vollmacht, was die Durchdringung ihres Wesensgefüges betrifft.

Mit solchen Annahmen ist überhaupt nichts Kausales über das diesmalige Schicksal der Mißbrauchsopfer gesagt. Es ist lediglich etwas über einen möglichen – und nach vorne gerichteten – Sinnzusammenhang gesagt. Wahrscheinlich sind karmische Überlegungen in dieser Richtung konstruktiver als kausale Annahmen darüber, warum sie diesmal Mißbrauchsopfer geworden sind. Vielleicht gibt es ja im kausalen Sinne gar keinen

Grund. Vielleicht werden sie uns einfach im Gefüge ihres Menschseins einst vorangehen. Daß sie hierfür in anderen Betroffenen und Nicht-Betroffenen Gesprächspartner haben können, ist eine Errungenschaft unserer Zeit, von Betroffenen übrigens initiiert. Bekanntlich ist aber die wesentliche Funktion des Gesprächspartners nicht das Verteilen von Antworten, sondern das zurückhaltende Zuhören.

Literaturhinweise

D. Bange / U. Enders:
Auch Indianer kennen Schmerz – Sexuelle Gewalt gegen Jungen.
Köln 1995

U. Enders (Hrsg.):
Zart war ich, bitter war's – Handbuch gegen sexuelle Gewalt.
Köln 1995

M. Gründer / R. Kleiner / H. Nagel:
Wie man mit Kindern darüber reden kann.
Freiburg 1994

M. Wais:
*Entwicklung zur Sexualität
Begleitende Erziehung und Aufklärung.*
Esslingen 1997

M. Wais / I. Gallé:
Der ganz alltägliche Mißbrauch.
Ostfildern 1996

In der Reihe GESUNDHEITSPFLEGE *initiativ*
sind bisher folgende Bände erschienen:
(Fortsetzung)

Band 12:	Mathias Wais **Entwicklung zur Sexualität** ISBN 3-932161-12-2
Band 13:	Henning Köhler **Das biographische Urphänomen** ISBN 3-932161-13-0
Band 14:	Mechtild Oltmann-Wendenburg **Die Emanzipation der Frau aus spiritueller Sicht** ISBN 3-932161-14-9
Band 15:	Michaela Glöckler **Leben vor der Geburt** ISBN 3-932161-15-7
Band 16:	Michaela Glöckler **Leben nach dem Tod** ISBN 3-932161-16-5
Band 17:	Michael Brater **Beruf und Biographie** ISBN 3-932161-17-3
Band 18:	Heinz Zimmermann **Kreative Gemeinschaftsbildung heute** ISBN 3-932161-18-1
Band 19:	Mechtild Oltmann-Wendenburg **Sternstunden der Biographie** ISBN 3-932161-19-X
Band 20:	Michaela Glöckler **Die Kulturaufgabe des alten Menschen** ISBN 3-932161-20-3
Band 21:	Mathias Wais **Sexueller Mißbrauch** ISBN 3-932161-26-2
Band 22:	Michaela Glöckler **Die Liebe als Verwandlungskraft** ISBN 3-932161-27-0

KRANKHEIT GESUNDHEIT

*Viele Krankheiten sind Irrtümer,
die der Mensch erschöpfen muß.*

Novalis

Im Zusammenhang mit Krankheit und Gesundheit tun sich vielfältige Fragestellungen auf: Was ist eigentlich Krankheit? Was ist Gesundheit? Ist Gesundheit nur das Fehlen von Krankheit? Warum habe gerade ich diese Erkrankung? Was hat meine Krankheit mit mir zu tun? Wie ist sie entstanden und warum? Welche Herausforderung stellt diese Erkrankung an mich?

In der Reihe *Krankheit & Gesundheit* kommen erfahrene Ärzte, Pflegexperten und Therapeuten zu Wort, die in langen Praxisjahren tiefer in die Vorgänge von Krankheit und Gesundheit blicken durften. Der Leser wird diese gereiften Erfahrungen als ein spürbares Fluidum hinter den Zeilen wahrnehmen und wertvolle Anregungen für die Lebenspraxis gewinnen können. Die Reihe umfasst die thematischen Schwerpunkte: spezielle Krankheits-bilder, ganzheitliche Therapien, Pflege- und Selbsthilfekonzepte.

Band 1: Jürgen Schürholz / Volker Fintelmann

Krebsangst verwandeln

DIE WAHRHEIT ALS CHANCE

ISBN 3-932 161-23-8

Krebserkrankungen wollen auf verschiedenen Ebenen überwunden werden: biologisch, seelisch und geistig. Wie können Betroffene neue Ansätze in ihrer Biographie finden? Wie kann die Angst vor der Krankheit überwunden werden? Welche Perspektiven gibt es für ein Leben mit Krebs? Wie kann der Krebserkrankung vorgebeugt werden?

Band 2: Markus Treichler

Wenn die Seele Trauer trägt...

DEPRESSIONEN MITFÜHLEN, ERKENNEN, VERSTEHEN,
BEHANDELN - SICH UND ANDEREN DABEI HELFEN

ISBN3-932 161-24-6

Depressive Verstimmung gehören heute zu den häufigsten Erkrankungen; wer kennt sie nicht, aus dem eigenen Erleben oder von Angehörigen, Freunden, Bekannten. Woher kommen Depressionen - wie können wir sie erkennen und verstehen - welchen Sinn haben sie - und was können wir therapeutisch für uns und andere tun?